AF227026

No 5.

oses des Catéchismes

◇ 2ᵉ Série ◇

CANTIQUES

DE LA

PREMIÈRE COMMUNION

COMPRENANT

**Les Cantiques de la Retraite sur les fins dernières
et ceux sur la sainte Vierge,
les Vœux du Baptême, la sainte Eucharistie
et la Persévérance.**

Complément du *Manuel pratique pour la première Communion
et la Confirmation* de M. HENRI CONGNET, approuvé et re-
commandé par Son Eminence le cardinal Gousset, par Son
Eminence le cardinal Mathieu, et par Nosseigneurs les
Evèques de Soissons, de Mende, de Beauvais, de Meaux, de
Châlons, etc.

'Ακούη ἡ ψυχὴ τῆς γλώττης.

S. CHRYSOSTOME.

QUATRIEME EDITION.

Prix net : 10 centimes.

PARIS

GUYOT ET ROIDOT, LIBR.-ÉDITEURS,

Rue de Grenelle-Saint-Germain, 11 et 13.

Prière avant le Catéchisme.

Divin Jésus, qui avez aimé les enfants, et qui avez pris plaisir à leur parler, parlez à notre cœur dans les instructions que vos ministres vont nous faire. Accordez-nous, ô notre bon maître ! l'intelligence de votre sainte doctrine. Apprenez-nous à porter, dès nos jeunes années, le joug aimable de votre loi. Enseignez-nous à être doux et humbles de cœur comme vous. Conservez, augmentez, fortifiez la grâce que vous avez répandue dans nos âmes, afin qu'ayant soutenu jusqu'à la fin par une vie toute chrétienne les engagements de notre baptême, nous obtenions de vous et par vous l'entrée du ciel, où vous régnez avec le Père et le Saint-Esprit. Ainsi soit-il.—*Je vous salue, Marie.*

Prière après le Catéchisme.

Seigneur Jésus, qui avez daigné vous faire enfant pour nous ! ô vous qui avez toujours témoigné tant de tendresse et de bonté pour les enfants, jetez un regard favorable sur nous, faites que nous ayons toujours la douceur et la candeur de l'enfance sans en avoir la légèreté, et qu'en imitant les vertus de votre sainte enfance, nous croissions, à votre exemple, en science et en sagesse devant Dieu et devant les hommes, afin de régner un jour avec vous dans le ciel. Ainsi soit-il.— *Sub tuum...,* ou bien, *Je vous salue, Marie,*—ou bien, *Souvenez-vous.*

Ire OBSERVATION.

Les cantiques les plus utiles sont ceux qui deviennent populaires.—En effet, c'est à cette condition surtout que les vérités ou les leçons de morale qu'ils renferment peuvent se graver dans le cœur d'un plus grand nombre de fidèles, en même temps que leur mémoire en retient l'air et la mélodie. Veut-on qu'un cantique bien choisi devienne populaire? il faut le répéter souvent. Le peuple prend fort peu d'intérêt à n'entendre toujours chanter que trois ou quatre per-

(Voir la 3e page de la couverture.)

Récompenses des Catéchismes

2e SÉRIE

CANTIQUES

DE LA

PREMIÈRE COMMUNION

COMPRENANT

Les Cantiques de la Retraite sur les fins dernières
et ceux sur la sainte Vierge,
Les Vœux du Baptême, la sainte Eucharistie
et la Persévérance.

Complément du *Manuel pratique pour la première Communion
et la Confirmation* de M. HENRI CONGNET, approuvé et re-
commandé par Son Eminence le cardinal Gousset, par Son
Eminence le cardinal Mathieu, et par Nosseigneurs les
Evêques de Soissons, de Mende, de Beauvais, de Meaux, de
Châlons, etc.

Ἀκούη ἡ ψυχὴ τῆς γλώττης.
S. CHRYSOSTOME.

QUATRIÈME ÉDITION.

Prix net : 10 centimes.

PARIS

GUYOT ET ROIDOT, LIBR.-ÉDITEURS,

rue de Grenelle-Saint-Germain, 11 et 13.

1864

AVERTISSEMENT.

Mes chers enfants,

Par l'introduction des cantiques dans les catéchismes et les réunions pieuses, on se propose de vous instruire davantage, en donnant à certaines vérités importantes quelques développements plus frappants. On veut ensuite élever vos âmes et toucher vos cœurs par le charme de la poésie et de la musique.—Mais pour que ce double but soit plus facilement et plus sûrement atteint, il sera bien utile, et souvent il sera indispensable, que, avant de vous mettre à chanter un cantique, vous le lisiez attentivement une ou plusieurs fois, et que vous vous efforciez de le comprendre dans son ensemble et dans tous ses mots. La prose, même la plus simple, n'est pas toujours, croyez-le bien, à la portée des jeunes enfants, et cela, dans les villes tout aussi bien que dans les campagnes. A plus forte raison la poésie, avec ses inversions et son langage figuré ou mystique, doit-elle avoir pour eux de véritables obscurités. Ne rougissez pas, chers enfants, de demander l'explication de ce que vous ne comprenez pas. On vous en estimera et aimera davantage. On s'intéresse toujours beaucoup à un enfant qui cherche à s'instruire.

Lorsque par cette lecture attentive et par les explications que vous aurez provoquées, un cantique vous sera devenu intelligible, chantez-le alors avec recueillement et laissez votre âme se pénétrer des sentiments d'une tendre piété. C'est en employant ces moyens que les cantiques ne seront plus seulement dans une paroisse un passe temps, une espèce d'amusement et de récréation; ils deviendront un véritable exercice religieux, d'où l'on sortira le cœur rempli de grâces et plus décidé que jamais à servir le Seigneur avec courage et persévérance. « Les abeilles, dit saint Chrysostôme, aiment à habiter les lieux remplis de parfums; et la grâce de l'Esprit Saint descend sur ceux qui s'adonnent au chant des cantiques et elle sanctifie à la fois leurs lèvres et leur cœur. *Ubi sunt aromata et suffitus, apes illic habitant : ubi cantica spiritualia, illuc advolat spiritus gratia, quæ os sanctificat et animam.* » Henri Congnet.

CANTIQUES
POUR LA PREMIÈRE COMMUNION

Indication des airs : C. chants pieux. — L. Lambillotte.
F. Foulon.—A. Amiens.—S. St-Sulpice.

§ 1er. Cantiques pour la retraite.

C. 6.   No 41.   A. 277.

Avant de chanter un cantique, mon cher enfant, lisez-le attentivement; essayez de le comprendre et demandez l'explication des mots et des phrases que vous ne comprenez pas.—Après la lecture ou le chant de chaque cantique, excitez en vous quelque bon sentiment et prenez une résolution qui soit en rapport avec le sujet qui y est traité.

REFRAIN.

Esprit-Saint, descendez en nous ;   (*bis*)
Embrâsez notre cœur de vos feux les plus doux.
     Esprit-Saint, etc.

1   Sans vous, notre vaine prudence
    Ne peut, hélas! que s'égarer.
    Ah! dissipez notre ignorance,   (*bis*)
      Esprit d'intelligence,
      Venez nous éclairer.   Esprit-Saint, etc.

2 Le noir enfer, pour nous livrer la guerre,
   Se réunit au monde séducteur ;
   Tout est pour nous embûches sur la terre :
   Soyez, soyez notre libérateur. (*bis*.)   Esprit, etc.

3 Enseignez-nous la divine sagesse ;
   Seule, elle peut nous conduire au bonheur :
   Dans ses sentiers, qu'heureuse est la jeunesse!
     Qu'heureuse est la vieillesse!   Esprit, etc.

Aspiration.—Esprit-Saint, c'est sur votre secours que je compte pour comprendre l'instruction que l'on va nous faire et pour en tirer quelque profit spirituel qui me fasse opérer mon salut.

A. 376.   No 42.   C. 67.

DIEU.

1 Reviens, pécheur, à ton Dieu qui t'appelle ;
   Viens au plus tôt te ranger sous sa loi :

Tu n'as été déjà que trop rebelle ;
Reviens à lui, puisqu'il revient à toi.   (*bis.*)

LE PÉCHEUR.

2 Voici, Seigneur, cette brebis errante
Que vous daignez chercher depuis longtemps ;
Touché, confus d'une si longue attente,
Sans plus tarder, je reviens, je me rends.   (*bis.*)

DIEU.

3 Pour t'attirer ma voix se fait entendre ;
Sans me lasser partout je te poursuis ;
D'un Dieu pour toi, du père le plus tendre,
J'ai les bontés, ingrat, et tu me fuis !   (*bis.*)

LE PÉCHEUR.

4 Errant, perdu, je cherchais un asile ;
Je m'efforçais de vivre sans effroi :
Hélas ! Seigneur, pouvais-je être tranquille
Si loin de vous, et vous si loin de moi !   (*bis.*)

DIEU.

5 Attraits, frayeurs, remords, secret langage,
Qu'ai-je oublié dans mon amour constant ?
Ai-je pour toi dû faire davantage ?
Ai-je pour toi dû même en faire autant ?   (*bis.*)

LE PÉCHEUR.

6 Je me repens de ma faute passée ;
Contre le ciel, contre vous j'ai péché ;
Mais oubliez ma conduite insensée,
Et ne voyez en moi qu'un cœur touché.   (*bis.*)

DIEU.

7 Si je suis bon, faut-il que tu m'offenses ?
Ton méchant cœur s'en prévaut chaque jour :
Plus de rigueur vaincrait tes résistances ;
Tu m'aimerais, si j'avais moins d'amour.   (*bis.*)

LE PÉCHEUR.

8 Que je redoute un juge, un Dieu sévère !
J'ai prodigué des biens qui sont sans prix ;
Comment oser vous appeler mon père ?
Comment oser me dire votre fils ?   (*bis.*)

DIEU.

9 Ta courte vie est un songe qui passe,
  Et de ta mort le jour est incertain ;
  Si j'ai promis de te donner ta grâce,
  T'ai-je jamais promis le lendemain ?   (bis.)

LE PÉCHEUR.

10 Votre bonté surpasse ma malice ;
   Pardonnez-moi ce long égarement ;
   Je le déteste, il fait tout mon supplice,
   Et pour vous seul j'en pleure amèrement. RACINE.

Réflexion. —Oui, mon Dieu, je déteste le péché, je suis touché de
votre bonté et je m'efforcerai de ne plus vous offenser mortellement.

A. 186.   N° 43.   C. 114.

REFRAIN.

A la mort, à la mort,
Pécheur, tout finira :
Le Seigneur, à la mort,
Te jugera.

1   Il faut mourir, il faut mourir ;
     De ce monde il nous faut sortir ;
     Le triste arrêt en est porté,
     Il faut qu'il soit exécuté.   A la mort, etc.

2   Comme une fleur qui se flétrit,
     Ainsi bientôt l'homme périt ;
     L'affreuse mort vient de ses jours,
     Dans peu de temps, finir le cours. A la mort, etc.

3   Pécheurs, approchez du cercueil,
     Venez confondre votre orgueil :
     Là, tout ce qu'on estime tant
     Est enfin réduit au néant.   A la mort, etc.

4   O vous qui suivez vos désirs,
     Qui vous plongez dans les plaisirs,
     Pour vous quel affreux changement
     La mort va faire en ce moment ! A la mort, etc.

5   Adieu, famille, adieu, parents,
     Adieu, chers amis, chers enfants :

Votre cœur se désolera ;
Mais enfin tout vous quittera.   A la mort, etc.

6   S'il fallait subir votre arrêt,
      Chrétiens, qui de vous serait prêt ?
      Combien dont le funeste sort
      Serait une éternelle mort !   A la mort, etc.

Le vénérable GRIGNON DE MONTFORT.

Réflexion. — Si je mourais en ce moment, et avant d'avoir reçu l'absolution de mes pechés, n'aurais-je pas tout à craindre de la justice de Dieu ?

A. 182.   Nº 44.   C. 118.

Tout n'est que vanité,
Mensonge, fragilité,
Dans tous ces objets divers
Qu'offre à nos regards l'uni-
[vers.

Tous ces brillants dehors,
Cette pompe,
Ces biens, ces trésors,
Tout nous trompe,
Tout nous éblouit,
Mais tout nous échappe et
[nous fuit.

Telles qu'on voit les fleurs,
Avec leurs vives couleurs,
Eclore, s'épanouir,
Se faner, tomber et périr ;
Tel est des vains attraits
Le partage ;
Tels l'éclat, les traits
Du bel âge,
Après quelques jours,
Perdent leur beauté pour tou-
[jours.

En vain, pour être heureux,
Le jeune voluptueux
Se plonge dans les douceurs
Qu'offrent les mondains sé-
[ducteurs ;
Plus il suit les plaisirs
Qui l'enchantent,

Et moins ses désirs
Se contentent :
Le bonheur le fuit
A mesure qu'il le poursuit.

Que doivent devenir,
Pour l'homme qui doit mou-
[rir,
Ces biens longtemps amasses,
Cet argent, cet or entassés ?
Fût-il du genre humain
Seul le maître,
Pour lui tout enfin
Cesse d'être :
Au jour de son deuil,
Il n'a plus à lui qu'un cer-
[cueil.

Que sont tous ces honneurs,
Ces titres, ces noms flatteurs ?
Où vont de l'ambitieux
Les projets, les soins et les
[vœux ?
Vaine ombre, pur néant,
Vil atome,
Mensonge amusant,
Vrai fantôme
Qui s'évanouit
Après qu'il l'a toujours séduit.

J'ai vu l'impie heureux
Porter son air fastueux

Et son front audacieux
Au-dessus du cèdre orgueil-
[leux :
Au loin tout révérait
Sa puissance,
Et tout redoutait
Sa presence ;
Je passe, et soudain
Il n'est plus, je le cherche en
[vain.

Que sont donc devenus
Ces grands, ces guerriers
[connus,
Ces hommes dont les exploits
Ont soumis la terre à leurs lois?
Les traits éblouissants
De leur gloire,
Leurs noms éclatants,
Leur mémoire,
Avec les héros
Sont entres au sein des tom-
[beaux.

Arbitre des humains,
Dieu seul tient entre ses
[mains
Les événements divers
Et le sort de tout l'univers :
Seul il n'a qu'à parler,

Et la foudre
Va frapper, brûler,
Mettre en poudre
Les plus grands héros,
Comme les plus vils vermis-
[seaux.

La mort, dans son courroux,
Dispense à son gré ses coups,
N'épargne ni le haut rang,
Ni l'éclat auguste du sang.
Tout doit un jour mourir,
Tout succombe,
Tout doit s'engloutir
Dans la tombe :
Les sujets, les rois,
Iront s'y confondre à la fois.

Oui, la mort, à son choix,
A soumis tout à ses lois,
Et l'homme ne fut jamais
A l'abri d'un seul de ses traits;
Comme sur son retour,
La vieillesse,
Dans son plus beau jour
La jeunesse,
L'enfance au berceau
Trouvent tour à tour le tom-
[beau.

Le Vén. GRIGNON DE MONTFORT.

Réflexion. — Après avoir vécu quelques années sur la terre, je quit-
terai donc tout : parents, biens, plaisirs…! Pourquoi m'attacher à ce
qui passe? je ne veux être qu'à Dieu, qui seul est éternel.

L. 16. N° 45. C. 21.

1   Dieu va déployer sa puissance ;
    Le temps comme un songe s'enfuit.
  Les siècles sont passés, l'éternité commence,
  Le monde va rentrer dans l'horreur de la nuit.
    Dieu, etc.

2   J'entends la trompette effrayante ;
    Quel bruit! quels lugubres éclairs!
  Le Seigneur a lancé sa foudre étincelante,
  Et ses feux dévorants embrasent l'univers.
    J'entends, etc.

3 Les monts foudroyés se renversent,
  Les êtres sont tous confondus :
La mer ouvre son sein, les ondes se dispersent ;
Tout est dans le chaos, et le monde n'est plus.
  Les monts, etc.

4 Sortez des tombeaux, ô poussière !
  Dépouille des pâles humains :
Le Seigneur vous appelle, il vous rend la lumière ;
Il va sonder les cœurs et fixer vos destins.
  Sortez, etc.

5 Il vient : tout est dans le silence ;
  Sa croix porte au loin la terreur ;
Le pécheur consterné frémit à sa présence,
Et le juste lui-même est saisi de frayeur.
  Il vient, etc.

6 Assis sur un trône de gloire,
  Il dit : Venez, ô mes élus !
Comme moi vous avez remporté la victoire ;
Recevez de mes mains le prix de vos vertus.
  Assis, etc.

7 Tombez dans le sein des abîmes,
  Tombez, pécheurs audacieux ;
De mon juste courroux immortelles victimes,
Vils suppôts des démons, vous brûlerez comme eux.
  Tombez, etc.

8 Triste éternité de supplices,
  Tu vas donc commencer ton cours ?
De l'heureuse Sion ineffables délices,
Bonheur, gloire des Saints, vous durerez toujours !
  Triste éternité, etc.

    Le Vénérable GRIGNON DE MONTFORT.

Réflexion.—Qu'aurai-je à repondre au tribunal de Dieu ? j'ai commis tant de peches !.... j'ai abuse de tant de grâces !

A. 103.   N. 46. F. 27. S. 46.

1 J'ai péché dès mon enfance,
  J'ai chassé Dieu de mon cœur ;
  J'ai perdu mon innocence,
  Quelle perte ! ah ! quel malheur ! J'ai, etc.

2 Oh! qui mettra dans ma tête
   Une fontaine de pleurs?
   A la perte que j'ai faite
   Puis-je égaler mes douleurs?   Oh! qui, etc.

3 En livrant mon cœur au crime,
   Dans quels maux l'ai-je plongé!
   Dans quel effroyable abîme,
   Hélas! me suis-je engagé!   En livrant, etc.

4 Riche trésor de la grâce,
   Te perdant, j'ai tout perdu.
   Que faut-il donc que je fasse
   Pour que tu me sois rendu?   Riche, etc.

5 Oh! que mon âme était belle
   Quand elle avait sa candeur!
   Depuis qu'elle est criminelle,
   O Dieu, quelle est sa laideur! Oh! que, etc.

6 Mon Dieu, quel bonheur extrême
   Si j'étais mort au berceau,
   Et si, des fonts du baptême,
   On m'eût conduit au tombeau!   Mon, etc.

7 Malheur à vous, amis traîtres,
   Mes plus cruels ennemis,
   Qui fûtes mes premiers maîtres
   Dans le mal que j'ai commis! Malheur, etc.

8 Ah! Seigneur, je vous aborde
   Tremblant et saisi d'effroi :
   Dans votre miséricorde,
   Jetez un regard sur moi. Ah! Seigneur, etc.

9 Pardonnez à ce rebelle
   Qui déplore son malheur;
   Oui, désormais plus fidèle,
   Il veut vous rendre son cœur.   Pard., etc.

Aspiration.—O mon Dieu, mon souverain maître et mon père, pardonnez, pardonnez à votre enfant qui se repent de vous avoir tant offensé,

---

A. 145. L. 128.   N° 47.   C. 51.

1 Un fantôme brillant séduisit ma jeunesse,
   Sous le nom de plaisir il égara mes pas.
   Insensé que j'étais! je n'apercevais pas

L'abîme que des fleurs cachaient à ma faiblesse.

REF. Mais enfin, revenu de mes égarements,
Remettant mon salut à ta bonté chérie,
O mon Dieu, mon soutien, après mille tourments,
Quand je reviens à toi (*bis*), je reviens à la vie. (*ter.*)

2 Faux plaisirs où je crus ne trouver que des charmes.
Ivresse de mes sens, trompeuse volupté,
Hélas! en vous cherchant, que vous m'avez coûté
De craintes, de douleurs, de regrets et de larmes!
Mais enfin, etc.

3 Vous qui, par tant de soins, souteniez mon enfance,
O mon père! ô ma mère! à combien de douleurs
Ma jeunesse indocile a dû livrer vos cœurs,
En provoquant du Ciel la trop juste vengeance!
Mais enfin, etc.

4 Pardonnez, pardonnez à votre enfant coupable;
Hélas! cent fois puni d'oublier vos leçons,
Même au sein des plaisirs, par des remords profonds
Il expiait déjà son crime détestable.
Mais enfin, etc.

5 Oui, mon Dieu, c'en est fait, touché de ta clémence,
J'abjure dès ce jour le monde et ses appas.
Nouvel enfant prodigue, accueilli dans tes bras,
Je retrouve à la fois mon père et l'innocence.

Pour jamais revenu de mes égarements,
Je remets mon salut à ta bonté chérie, etc.

Réflexion.—C'est bien sincèrement, ô mon Dieu, et avec une grande confiance, que je viens implorer votre miséricorde.

A. 129. L. 123.   N° 48.   C. 179.

1 Comment goûter quelque repos
Dans les tourments d'un cœur coupable?
Loin de vous, ô Dieu tout aimable!
Tous les biens ne sont que des maux.
J'ai fui la maison de mon Père,
A la voix d'un monde enchanté;
Il promet la félicité,
Mais il n'enfante que misère.   (*bis.*)

2 Vois, me disait-il, vois le temps
Emporter ta belle jeunesse;

Tu cueilles l'épine qui blesse,
Au lieu des roses du printemps.
Le perfide, pour ma ruine,
Cachait l'épine sous la fleur :
Mais vous, ô Dieu plein de douceur !
Vous cachez les fleurs sous l'épine.   (*bis*

3   Créateur justement jaloux,
Ah ! voyez ma douleur profonde :
Ce que j'ai souffert pour le monde,
Si je l'avais souffert pour vous !...
J'ai poursuivi dans les alarmes
Le fantôme des vains plaisirs :
Ah ! j'ai semé dans les soupirs
Et je moissonne dans les larmes.   (*bis.*

4   Qui me rendra de la vertu
Les douces, les heureuses chaînes ?
Mon cœur, sous le poids de ses peines,
Succombe et languit abattu.
J'espérais, ô triste folie !
Vivre tranquille et criminel.
J'oubliais l'oracle éternel :
Il n'est point de paix pour l'impie.   (*bis.*)

5   De mon abîme, ô Dieu clément !
J'ose t'adresser ma prière.
Cessas-tu donc d'être mon Père,
Si je fus un indigne enfant ?
Hélas ! le lever de l'aurore
Aux pleurs trouve mes yeux ouverts,
Et la nuit couvre l'univers
Que mon âme gémit encore.   (*bis.*)

6   Mais quelle voix !... qu'ai-je entendu !
« De concerts que tout retentisse,
« Que le ciel lui-même applaudisse :
« Mon cher fils enfin m'est rendu... »
Dieu ! je vois mon Père, il s'empresse :
L'amour précipite ses pas :
Il veut me serrer dans ses bras,
Baigné des pleurs de sa tendresse.   (*bis.*)

Mgr Le Tourneur.

Réflexion.—Non, certainement non, je n'étais pas heureux quand je commettais tel et tel péché !... Ma conscience me reprochait sans cesse mon indignité et mon ingratitude.

1.

A. 88. L. 28.   N° 49.   C. 69.

Au sang qu'un Dieu va ré-
[pandre,
Ah! mêlez du moins vos pleurs,
Chrétiens qui venez entendre
Le récit de ses douleurs.
Puisque c'est pour vos offenses
Que ce Dieu souffre aujour-
[d'hui,
Animés par ses souffrances,
Vivez et mourez pour lui.

Dans un jardin solitaire
Il sent de rudes combats;
Il prie, il craint, il espère;
Son cœur veut et ne veut pas.
Tantôt la crainte est plus forte,
Et tantôt l'amour plus fort;
Mais enfin l'amour l'emporte,
Et lui fait choisir la mort.

Judas, que la fureur guide,
L'aborde d'un air soumis;
Il l'embrasse .. et ce perfide
Le livre à ses ennemis.
Judas, un pécheur t'imite
Quand il feint de l'apaiser;
Souvent sa bouche hypocrite
Le trahit par un baiser.

On l'abandonne à la rage
De cent tigres inhumains;
Sur son auguste visage
Les soldats portent leurs mains.
Vous deviez, anges fidèles,
Témoins de ces attentats,
Ou le mettre sous vos ailes,
Ou frapper tous ces ingrats.

Ils le traînent au grand-prêtre,
Qui seconde leur fureur,
Et ne veut le reconnaître
Que pour un blasphémateur.
Quand il jugera la terre,
Ce Sauveur aura son tour;

Aux éclats de son tonnerre
Tu le connaîtras un jour.

Tandis qu'il se sacrifie,
Tout conspire à l'outrager.
Pierre lui-même l'oublie
Et le traite d'étranger :
Mais Jésus perce son âme
D'un regard tendre et vain-
[queur,
Et met d'un seul trait de flam-
Le repentir en son cœur. [me

Chez Pilate on le compare
Au dernier des scélérats.
Qu'entends-je? ô peuple bar-
[bare !
Tes cris sont pour Barabbas;
Quelle indigne préférence !
Le juste est abandonné ;
On condamne l'innocence,
Et le crime est pardonné.

On le dépouille, on l'attache,
Chacun arme son courroux,
Je vois cet agneau sans tache
Tombant presque sous les
[coups.
C'est à nous d'être victimes,
Arrêtez, cruels bourreaux !
C'est pour effacer vos crimes
Que son sang coule à grands
[flots.

Une couronne cruelle
Perce son auguste front ;
A ce chef, à ce modèle,
Mondains, vous faites affront.
Il languit dans les supplices,
C'est un homme de douleurs;
Vous vivez dans les délices,
Vous vous couronnez de fleurs.

Il marche, il monte au Calvaire,

Chargé d'un infâme bois ;
De là, comme d'une chaire,
Il fait entendre sa voix :
Ciel, dérobe à ta vengeance
Ceux qui m'osent outrager !
C'est ainsi, quand on l'offense,
Qu'un chrétien doit se venger.

Un troupe déchaînée
L'insulte et crie à l'envi :
Qu'il change sa destinée,
Et nous croirons tous en lui.
Il peut la changer sans peine,
Malgré vos nœuds et vos clous ;
Mais le nœud qui seul l'enchaîne
C'est l'amour qu'il a pour nous.
Ah ! de ce lit de souffrance,
Seigneur, ne descendez pas ;

Suspendez votre puissance,
Restez-y jusqu'au trépas.
Mais tenez votre promesse,
Attirez-nous près de vous ;
Pour prix de votre tendresse,
Puissions-nous y mourir tous ;

Il expire, et la nature
Dans lui pleure son auteur ;
Il n'est point de créature
Qui ne marque sa douleur ;
Un spectacle si terrible
Ne pourrait-il me toucher ?
Et serai-je moins insensible
Que n'est le plus dur rocher ?

FÉNELON

Réflexion.—C'est surtout en regardant un crucifix, ou en me rappelant les principales circonstances de la douloureuse passion de Jésus-Christ, que je puis concevoir jusqu'à quel point Dieu est offensé par le péché. Le crime doit donc être bien grand puisqu'il a nécessité une telle réparation !

A. 47. L. 142.   Nº 50.   C. 86.

1 Sainte cité, demeure permanente,
   Sacré palais qu'habite le grand Roi,
   Où doit un jour régner l'âme innocente ;
   Quoi de plus doux que de penser à toi ?
REFRAIN.   O ma patrie !
         O mon bonheur !
       Toute ma vie
     Sois le vœu de mon cœur.

2 Dans tes parvis, au sein de l'allégresse,
   Coule un torrent des plus chastes plaisirs ;
   On ne ressent ni peines ni tristesse,
   On ne connaît ni plaintes ni soupirs. O ma atrie.

3 Tes habitants ne craignent plus d'orage ;
   Ils sont au port, ils y sont pour jamais.
   Un calme entier devient leur doux partage ;
   Dieu dans leur cœur verse un fleuve de paix. O, etc

4 De quel éclat ce Dieu les environne
   Ah ! je les vois tout brillants de clarté !

Rien ne saurait   y   flétrir leur couronne ;
Leur vêtement est l'immortalité. O ma patrie, etc.

5 Beauté divine, ô beauté ravissante !
Tu fais l'objet du suprême bonheur :
Oh ! quand naîtra cette aurore brillante
Où nous pourrons contempler ta splendeur? O, etc.

6 Puisque Dieu seul est notre récompense,
Qu'il soit aussi la fin de nos travaux.
Dans cette vie un moment de souffrance
Mérite au ciel un éternel repos. O ma patrie, etc.

Réflexion.—Quel malheur si, en continuant à pécher, je me faisais
fermer l'entrée du ciel où je suis appelé à jouir d'un bonheur éternel!

N° 54.   C. 177.

1 Mon doux Jésus, enfin voici le temps
De pardonner à nos cœurs pénitents;
Jamais nous n'offenserons plus
    Votre bonté suprême,   } bis.
      O doux Jésus!

(On peut chanter pour refrain : *Parce, Domine.*)

2 De mes péchés vous portez tout le poids,
Vous expirez sur un infâme bois;
  Je mettrai donc tout mon plaisir
    A répandre des larmes   } bis.
      De repentir.

3 Puisqu'un pécheur vous a coûté si cher,
Faites-lui grâce, il ne veut plus pécher.
  Ah ! ne perdez pas cette fois
    La conquête admirable   } bis.
      De votre croix !

4 Enfin, mon Dieu, nous sommes à genoux
Pour vous prier de pardonner à tous ;
  Pardonnez-nous, ô Dieu clément !
    Lavez-nous de nos crimes   } bis.
      Dans votre sang.

5 Si votre amour en vous livrant pour nous
D'un juste juge a calmé le courroux,
  Oui, c'en est fait, ô Dieu sauveur !
    Voilà le sacrifice   } bis.
      De notre cœur.   DE SAMBUCY

Réflexion.—Autant Dieu est irrité contre le pécheur impénitent, autant
il est touché quand il me voit à genoux, implorant mon pardon.

L. 109.   N° 52.   C. 203. 213

REFRAIN. { Bénissons à jamais
          { Le Seigneur dans ses bienfaits! } bis.

Bénissez-le, saints Anges;
Louez sa majesté ;
Rendez à sa bonté
Mille et mille louanges.
    Bénissons, etc.

Oh ! que c'est un bon Père,
Qu'il a grand soin de nous !
Il nous supporte tous,
Malgré notre misère.
    Bénissons, etc.

Comme un pasteur fidèle,
Sans craindre le travail,
Il ramene au bercail
Une brebis rebelle.
    Bénissons, etc.

Par lui cesse la peine
Qui désolait mon cœur ,
Et du monde vainqueur,

Je vois briser ma chaîne.
    Bénissons; etc.

Il console mon âme,
La nourrit de son pain ;
A ce banquet divin
Il veut qu'elle s'enflamme.
    Bénissons, etc.

Sa bonté me supporte,
Sa lumière m'instruit,
Sa beauté me ravit,
Son amour me transporte.
    Bénissons, etc.

Dieu seul est ma richesse
Dieu seul est mon soutien,
Dieu seul est tout mon bien,
Je redirai sans cesse
    Bénissons, etc.

Réflexion.—Devrais-je laisser passer une seule heure sans remercier Dieu de ses bienfaits? C'est vous, ô Seigneur, qui me conservez chaque jour et me permettez de jouir de tout ce que vous avez créé pour le service de l'homme.

———o——o———

§ 2. Cantiques sur la Sainte Vierge.

A. 29.   N° 53.   C. 122.

Avant de chanter un cantique, lisez-le attentivement; essayez de le comprendre, puis demandez l'explication des mots et des phrases que vous ne comprenez pas.— Après la lecture ou le chant de chaque cantique , excitez en vous quelque bon sentiment, et prenez une résolution qui aie du rapport avec le sujet qui y est traité.

Je mets ma confiance,
Vierge, en votre secours :
Servez-moi de défense,
Prenez soin de mes jours:
Et quand ma dernière heure
Viendra fixer mon sort,
Obtenez que je meure } bis.
De la plus sainte mort. }

A votre bienveillance,
O Vierge, j'ai recours ;
Soyez mon assistance
En tous lieux et toujours ;
Vous même êtes ma Mère,
Jésus est votre fils ;
Portez-lui la prière } bis.
De vos enfants chéris. }

Je promets pour vous plaire,
O Reine de mon cœur,
De ne jamais rien faire
Qui blesse votre honneur.
Je veux que, par hommage,
Ceux qui me sont sujets,
En tous lieux, à tout âge ?
Prennent vos intérêts. } *b.*

Voyez couler mes larmes,
Mère du bel amour,
Finissez mes alarmes
Dans ce triste séjour ;
Venez rompre ma chaîne,
Je veux aller à vous :
Aimable Souveraine,
Régnez, régnez sur nous. } *b.*

Aspiration.—Comment n'aurai-je pas confiance en vous, ô Marie, ô ma mère? Vous m'aimez d'un tendre amour, et vous êtes toute puissante auprès de votre divin fils.

No 54.   C. 156.

REFRAIN.

C'est le nom de Marie
Qu'on célèbre en ce jour,
O famille chérie,
Chantez ce nom d'amour.
C'est le nom, etc.

C'est le nom d'une mère,
Chantez, heureux enfants ;
Unissez pour lui plaire
Et vos cœurs et vos chants.
C'est le nom, etc.

C'est un nom de puissance,
Un nom plein de douceur,
Mais toujours sa clémence
Surpasse sa grandeur.
C'est le nom, etc.

C'est un nom de victoire ;
Il dompte les enfers :
Il nous donne la gloire

De briser tous nos fers...
C'est le nom, etc.

C'est un nom d'espérance
Au pécheur repentant,
Un gage d'innocence
Au cœur juste et fervent.
C'est le nom, etc.

Il n'est rien de plus tendre,
Il n'est rien de plus fort ;
Le ciel aime à l'entendre ;
Pour l'enfer, c'est la mort.
C'est le nom, etc.

Que le nom de ma mère,
Au dernier de mes jours,
Soit toute ma prière,
Qu'il soit tout mon secours.
C'est le nom etc

LEFEBVRE.

Réflexion.—Ne peut-on pas dire du nom de Marie ce que saint Bernard a dit du nom de Jésus: c'est un miel à la bouche, une mélodie pour les oreilles, une joie suave pour le cœur.

No 55.   C. 211.

D'une mère chérie
Célébrons la grandeur ;
Consacrons à Marie
Et nos voix et nos cœurs.

REFR. De concert avec l'ange
Quand il la salua,
Disons à sa louange
Un *Ave Maria.*   D'une, etc.

Modeste créature,
Elle plut au Seigneur ;
Et vierge toujours pure,
Enfanta le Sauveur.
De concert, etc.

Nous étions la conquête
Du tyran des enfers ;
En écrasant sa tête
Elle a brisé nos fers.
De concert, etc,

Que l'espoir se relève
Dans nos cœurs abattus ;
Par cette nouvelle Eve
Les cieux nous sont rendus.
De concert, etc.

O Marie, ô ma Mère,
Prenez soin de mon sort :
C'est en vous que j'espère
En la vie, en la mort.
De concert, etc.

O céleste lumière,
O source de bonheur,
Exaucez la prière
Que vous offre mon cœur.
De concert, etc.

Obtenez-nous la grâce,
A notre dernier jour,
De vous voir face à face
Au céleste séjour.
De concert, etc.

Réflexion.—Merci, ô sainte vierge Marie, merci du consentement que vous avez donné au mystère de l'incarnation du Verbe. Ces mots : *Qu'il soit fait selon votre parole,* ont été le commencement de notre salut.

No 56.　　C. 86. 237.

1 Mère de Dieu, quelle magnificence
Orne aujourd'hui cet auguste séjour !
C'est en ces lieux que mon heureuse enfance
Vint à tes pieds te vouer son amour.
　　Tendre Marie !
　　O mon bonheur !
　　Toujours chérie,
　　Tu vivras dans mon cœur.　　} *bis*

2 O mon refuge ! ô ma Reine ! ô ma Mère !
Combien sur moi tu versas de bienfaits !
Combien de fois, dans ce doux sanctuaire,
Mon cœur trouva le bonheur et la paix ! Tendre, etc.

3 Mon œil à peine avait vu la lumière,
Et ton amour veillait sur mon berceau ;
Tous mes instants, ô mon aimable mère,
Tu les marquas par un bienfait nouveau. Tendre, etc.

4 Anges, soyez témoins de ma promesse !
Cieux, écoutez ce serment solennel.
« Oui, c'en est fait, mon cœur plein de tendresse
« Jure à Marie un amour éternel. » Tendre, etc.

5 Si je pouvais, infidèle et volage,
  Un seul instant cesser de te chérir,
  Tranche mes jours à la fleur de mon âge,
  Je t'en conjure, ah! laisse-moi mourir. Tendre, etc.

De Sambucy.

Résolution.—C'est ma pieuse mère qui la première m'a appris à connaître et à aimer Marie! Je serai chaque jour fidèle à honorer cette Vierge immaculée par de saintes pratiques.

No 57.   C. 230.

Adressons notre hommage
A la reine des cieux;
Elle aime de notre âge
La candeur et les vœux.

REFRAIN.

O Vierge sainte et pure!
Notre cœur en ce jour
Vous promet et vous jure } b.
Un éternel amour.

Du beau nom de Marie
Faisons tout retentir;
Qu'elle-même attendrie
Daigne nous applaudir.
O Vierge, etc.

Cet autel est le trône
D'où coulent ses faveurs;
Son divin Fils lui donne
Tous ses droits sur nos cœurs.
O Vierge, etc.

Pour nous qu'elle rassemble
Au pied de son autel,
Jurons-lui tous ensemble
Un amour éternel.
O Vierge, etc.

Marie est notre Mère,
Nous sommes ses enfants;
Consacrons à lui plaire
Le printemps de nos ans.
O Vierge, etc.

Protégez-nous sans cesse
Dès nos premiers instants;
Guidez notre jeunesse,
Veillez sur vos enfants.
O Vierge, etc.

Et parmi les orages
D'un monde séducteur,
Sauvez-nous des naufrages;
Gardez bien notre cœur.
O Vierge, etc,

Résolution.—Quand je passerai devant une image de la sainte Vierge, je la saluerai et lui rendrai intérieurement mes hommages.

L. 65.   No 58.   C. 51.

1 Vous en êtes témoins, Anges du sanctuaire,
  De la mère de Dieu nous sommes les enfants.
  C'en est fait, et Marie a reçu nos serments.
  Honneur, respect, amour à notre auguste mère.

CHŒUR.

Oui, nous l'avons juré, nous sommes ses enfants;

L'aimer est de nos cœurs le vœu le plus sincère ;
Et les cieux, mille fois redisant nos serments,
Comme nous mille fois béniront notre mère.

2 De puissants ennemis nous déclarent la guerre ;
Je sens mon cœur frémir à l'aspect des combats.
Soutiens-nous, ô Marie ; à nos trop faibles bras
Daigne prêter l'appui de ton bras tutélaire. Oui, etc.

3 Si, pour nous enchaîner, des faux biens de la vie
Le monde offre à nos yeux les attraits imposteurs ;
Disons-lui, repoussant ses funestes douceurs :
Mon cœur n'est plus à moi, mon cœur est à Marie,
Oui, etc.

4 L'enfer peut, de sa rage, exciter la tempête ;
Le dragon orgueilleux peut frémir de courroux,
L'invincible Marie a triomphé pour nous ;
De l'antique serpent elle a brisé la tête. Oui, etc.

5 Ainsi toujours vainqueurs, si son bras nous seconde,
Et chargés de lauriers dès nos plus tendres ans,
Toujours nous foulerons sous nos pieds triomphants
Les pompes de Satan, les vains plaisirs du monde.
B**. Oui, etc.

Aspiration.—Sainte Marie, mère de Dieu et ma mère, jamais je ne vous oublierai, toujours je vous invoquerai.

A. 297.   Nº 59.   F. 18. C. 251.

Sion, de ta mélodie
Cesse les divins accords :
Laisse-nous, près de Marie,
Faire éclater nos transports.

REFRAIN.

Sur tes autels, ô Marie !
Tous, d'une commune voix,
Nous jurons toute la vie
D'être soumis à tes lois.

Mais comment, de cette en-
[ceinte,
Percer les voûtes des cieux ?
Descends plutôt, Vierge sainte,
Et viens régner en ces lieux
Sur tes autels, etc.

Viens d'un exil trop sévère
Adoucir les longs tourments :
Ta présence, auguste Mère,
Sera chère à tes enfants.
Sur tes autels, etc.

Pour toi nous sentons nos âmes
Brûler, en cet heureux jour,
Des plus innocentes flammes,
Du plus généreux amour.
Sur tes autels, etc.

Ah ! puissions-nous à te plaire	Que nous sommes ses enfants !
Consacrer tous nos instants,	Sur tes autels, etc.
Et prouver à notre Mère	

Invocation.—La meilleure manière de vous honorer, ô Marie, c'est de vous imiter. Que je sois donc pur et humble, comme vous, c'est la grâce que je sollicite de votre bonté.

No 60. C. 243.

REFRAIN.

En ce jour,
 O bonne
[Patronne,] } *bis.*
Je te donne
Mon amour

Jour et nuit,
 La terre
 Entière,
Tendre Mère,
Te bénit. En ce, etc.

Pour toujours
 Mon âme
 S'enflamme,
Et reclame
Ton secours. En ce, etc.

O pécheur,
 La bonne

[Patronne]
Te pardonne
De bon cœur. En ce, etc.

Donne-moi,
 Marie
 Chérie,
Pour la vie
D'être à toi. En ce, etc.

Nuit et jour
 Ma lyre
 Soupire,
Pour te dire
Mon amour. En ce, etc.

A la mort,
 Qui prie
 Marie,
Plein de vie,
Entre au port. En ce, etc.

Résolution.—De temps en temps dans la journée, au milieu de mes occupations, je prononcerai avec dévotion le doux nom de Marie, pour attirer sur moi ses regards et ses faveurs. L***.

F. 7. A. 267. No 61. C. 248. 235.

1 Je vous salue, auguste et sainte Reine,
  Dont la beauté ravit les immortels !
  Mère de grâce, aimable souveraine,
  Je me prosterne au pied de vos autels.
REFRAIN. O divine Marie !
    Mère tendre et chérie !
  Heureux celui qui vous donne son cœur :
  Il a trouvé la vie et le bonheur. (*bis.*)

2 Je vous salue, ô divine Marie !
  Vous méritez l'hommage de nos cœurs :

Après Jésus, vous êtes et la vie,
Et le refuge, et l'espoir des pécheurs. O divine, etc.

3 Fils malheureux d'une coupable mère,
Bannis du ciel, les yeux baignés de pleurs :
Nous vous faisons, de ce lieu de misère,
Par nos soupirs, entendre nos douleurs. O divine, etc.

4 Écoutez-nous, puissante protectrice ;
Tournez sur nous vos yeux compatissants ;
Et montrez-nous qu'à nos malheurs propice,
Du haut des cieux vous aimez vos enfants. O divine, etc.

5 O douce, ô tendre, ô pieuse Marie !
Vous dont Jésus mon Dieu reçut le jour,
Faites qu'après l'exil de cette vie,
Nous le voyions dans l'éternel séjour. O divine, etc.

Aspiration.—Que vous êtes bonne, ô Marie ! rendez-moi moins indigne
d'être aimé de vous.

No 62.　　　　C. 220.

REFRAIN.　　　Vierge Marie,
　　　　　　　Nous avons tous
　　　　　　　Recours à vous.
　　　　　　　Mère chérie,
　　　　　　Priez, priez pour nous.

1　　　　Elle est pure, Marie,
　　　　　Comme les rayons des cieux ;
　　　　Belle toujours, jamais flétrie,
　　　Du Seigneur elle a charmé les yeux. Vierge Marie.

2　　　　C'est la douce lumière
　　　　　Qui seule charme les cœurs,
　　　　Son tendre regard nous éclaire
　　Et sa main vient essuyer nos pleurs. Vierge Marie.

3　　　　C'est l'arche d'alliance,
　　　　　C'est l'étoile du matin,
　　　　C'est le baume de l'espérance
　　Dans un cœur blessé par le chagrin. Vierge Marie,

4　　　　C'est la Reine des anges
　　　　　C'est la Reine des élus,

Au ciel tout chante ses louanges,
Ses bienfaits, sa gloire et ses vertus. Vierge Marie.

Résolution.—Les samedis ou les dimanches, je tâcherai de prendre l'habitude de réciter les Litanies de la sainte Vierge, dans lesquelles on passe en revue tous ses titres de gloire et les motifs de notre confiance.

L. 111. F. 58.   N° 63.   C. 204.

Jour heureux, sainte allégres-
[se!
Jésus règne dans mon cœur!
Pourquoi donc, sombre tris-
[tesse,
Viens-tu troubler mon bon-
[heur?
Hélas! de mon inconstance
J'ai l'affligeant souvenir;
Et pour ma persevérance
Je redoute l'avenir.

CHŒUR.

Doux Sauveur de l'enfance,
Cache nous dans ton cœur;
Conserve-nous la ferveur,
Et le bonheur et l'innocence;
Conserve-nous la ferveur,
Et l'innocence et le bonheur.

Ah! je connais ma faiblesse,
Mes penchants impérieux,
Et la dangereuse ivresse
Que le monde offre à mes yeux.
Dans sa fureur meurtrière
Je vois l'enfer accourir:
Ah! si tu me fais la guerre,
Ne faudra-t-il pas périr?
Doux, etc.

Quoi! me dit le Dieu suprême,

Tu pourrais fuir mes autels?
Quoi! tu briserais toi-même
Ces nœuds chers et solennels?
Contre toi tout court aux ar-
[mes,
Tout conspire à t'entraîner;
Cher objet de tant de larmes,
Veux-tu donc m'abandonner?
Doux, etc.

Moi, trahir le Dieu que j'aime!
Jésus, déchirer ton cœur!
T'oublier, beauté suprême!
Outrager mon bienfaiteur!
Ton sang coule dans mes vei-
Et je pourrais te haïr!   [nes,
Quoi! je reprendrais mes chaî-
[nes!
Non, Seigneur, plutôt mourir!
Doux, etc.

Vierge sainte, ô tendre mère!
Je me jette entre tes bras;
Là, viens me faire la guerre,
Enfer, je ne te crains pas.
A ton nom, douce Marie,
Je sens mon cœur s'attendrir;
Qui t'invoque obtient la vie,
Qui t'aime ne peut périr.
Doux, etc.

Réflexion.—J'en suis persuadé, ma persévérance, dans le service de Dieu, dépend, en grande partie, de ma persévérance à honorer chaque jour sa sainte mère.

§ 3. Cantique pour le renouvellement des vœux du Baptême.

F. 59.   No 64.   A. 218. C. 206.

Quand l'eau sainte du baptême
Coula sur vos fronts naissants,
Et qu'un Dieu, la bonté même,
Vous adopta pour enfants;
  Muets encore,
D'autres promirent pour vous:
Aujourd'hui confessez tous
La foi dont un chrétien s'ho-
[nore.

CHŒUR.

  Foi de nos pères,
Notre règle et notre amour,
Nous embrassons en ce jour
Et ta morale et tes mystères.

En vain à ma foi soumise
S'oppose un orgueil trom-
[peur;
Sur les traces de l'Église
Puis-je marcher dans l'erreur?
  Trinité sainte,
Je te confesse et te crois,
Et je t'adore trois fois,
Et plein d'amour et plein de
  Foi, etc.   [crainte.
Annoncé par mille oracles,
Et de la terre l'espoir,
L'Homme-Dieu, par ses mi-
[racles,
Fait éclater son pouvoir.
  Victime pure,
Il triomphe du trépas :
Et je n'adorerais pas
En lui l'auteur de la nature !
  Foi, etc.

Par un funeste héritage,
Nos parents, avec le jour,

Nous transmirent en partage
La haine d'un Dieu d'amour.
  J'implore et crie :
Cris vains, inutiles pleurs,
Mais Jésus a dit : Je meurs.
Et sa mort me rend à la vie,
  Foi, etc.

Ciel, quelle robe éclatante !
Quel bain pur et bienfaisant !
Quelle parole puissante
De Dieu m'a rendu l'enfant !
  Je te baptise...
Le ciel s'ouvre, plus d'enfer ;
Et des Anges le concert
M'introduit au sein de l'Eglise
  Foi, etc.

Loin de moi, monde profane !
Fuis, ô plaisir séduisant !
L'Evangile vous condamne,
Vous blessez en caressant.
  Sous votre empire,   [sors !
Mon Dieu, sont les vrais tré-
Vos douceurs sont sans re-
[mords,
C'est pour elles que je sou-
  Foi, etc,   [pire.

Loin de ces tentes coupables
Où s'agite le pécheur,
Sous vos pavillons aimables
J'irai jouir du bonheur.
  Avant l'aurore
Mon cœur vous appelera,
Et quand le jour finira
Mes chants vous béniront en-
  Foi, etc.   [core.
Mgr. Le Tourneur.

Réflexion.—Au jour de ma première communion un contrat sérieux a
été signé entre Dieu et moi. Avec le secours de la grâce divine, je prends la
ferme résolution d'être fidèle aux promesses de mon baptême, et de vivre
en bon chrétien.

§ 4. Cantiques sur le Saint-Sacrement.

A. 18.   N° 65.   C. 184.

Avant de chanter un cantique, lisez-le attentivement; essayez de le comprendre, et demandez l'explication des mots et des phrases que vous ne comprenez pas. — Après la lecture ou le chant de chaque cantique excitez en vous quelque bon sentiment et prenez une résolution qui soit en rapport avec le sujet qui y est traité.

1 Quel doux penser me transporte et m'enflamme,
Ô mon Jésus, c'est vous que j'aperçois !
Trois jours encore, et je vais dans mon âme
Vous posséder (1) pour la première fois. (*bis.*)

CH. Quoi! dans trois jours vous viendrez dans mon âme,
La visiter pour la première fois!   (*ter.*)

2 Ah ! bienheureux le cœur tendre et fidèle!...
Mais qu'il s'en faut, Seigneur, que je le sois!
Et je pourrais, moi pécheur, moi rebelle,
M'unir à vous pour la première fois!!! (*bis.*)
Quoi, etc.

3 Longtemps, hélas ! le monde fut mon maître ;
Et cet empire, il le dut à mon choix.
Plein de remords, oserai-je paraître
Devant mon Dieu pour la première fois? (*bis.*)
Quoi, etc.

4 Mais qu'ai-je dit?... sa bonté m'encourage :
De mes péchés je ne sens plus le poids.
Ah ! dans trois jours achevez votre ouvrage,
Venez à moi pour la première fois.   (*bis.*)
Quoi, etc.

Agneau sans tache immolé pour le monde,
Vous le sauvez en mourant sur la croix.
C'est sur vous seul que mon esprit se fonde ;
Venez à moi pour la première fois.   (*bis.*)
Quoi, etc.

Réflexion.—Plus le grand jour approche, plus je dois redoubler mes efforts, plus je dois être réfléchi, recueilli, contrit, etc.

(1) Si l'on voulait chanter ce cantique en tout autre temps qu'à la première communion, au lieu de dire *pour la première fois*, on dirait : *ô divin Roi des rois.*

N° 66. C. 191.

1 Mon [doux Sauveur] ne paraît pas encore;
Trop longue nuit, dureras-tu toujours?
    Tardive aurore,
    Hâte ton cours,
Rends-moi Jésus, ma joie et mes amours:
Mon doux Jésus, que seul j'aime et j'implore.

2 De ton flambeau déjà les étincelles,
Astre du jour, raniment mes désirs;
    Tu renouvelles
    Tous mes soupirs:
Servez mes vœux, avancez mes plaisirs ,
Anges du ciel, portez-moi sur vos ailes.

3 Je t'aperçois, asile redoutable,
Où l'Éternel descend de sa grandeur;
    Temple adorable
    Du Rédempteur,
Si dans tes murs il voile sa splendeur,
Ce Dieu d'amour n'en est que plus aimable.

4 Sans nul éclat le grand Dieu va paraître;
De cet autel il vient s'unir à moi.
    Est-ce mon maître?
    Est-ce mon roi?
Laissez, mes yeux, laissez agir ma foi;
Un œil chrétien ne peut le méconnaître.

Réflexion.—Si j'aime tant soit peu Jésus mon Sauveur, comme mon cœur doit être tout haletant du désir de le recevoir! Est-ce là ce que j'éprouve?

N° 67. C. 191. A. 204.

1 Du roi des rois je suis le tabernacle;
Oui, de mon âme un Dieu devient l'époux.
    Charmant spectacle,
    Espoir trop doux!
Rendez, grand Dieu, mon cœur digne de vous!
Votre amour seul peut faire ce miracle.

2 Je m'attendris sans trouble et sans alarmes :
  Amour divin, je ressens vos langueurs :
       Heureuses larmes,
       Aimables pleurs !
  Oh ! que mon cœur y trouve de douceurs !
  Tous vos plaisirs, mondains, ont-ils ces charmes ?

3 Ce pain des forts soutiendra mon courage.
  Venez, démons, de mon bonheur jaloux :
       Que votre rage
       Vous arme tous ;
  Je ne crains point vos plus terribles coups,
  De ma victoire un Dieu devient le gage.

4 Pour un pécheur que sa tendresse est grande !
  Qu'elle mérite un généreux retour !
       Dieu, quelle offrande
       Pour tant d'amour !
  Prenez mon cœur, ô mon Dieu, dans ce jour ;
  C'est le seul don que votre cœur demande.

Aspiration.—Une communion, c'est le ciel sur la terre ! Ah ! comme je
devrai me conduire chrétiennement, pour mériter de communier souvent !

A. 44. L. 88.   N° 68.   C. 235.

1 O saint autel qu'environnent les anges,
  Qu'avec transport aujourd'hui je te vois !
  Ici mon Dieu, l'objet de mes louanges,
  M'offre son corps pour la première fois.   (*bis.*)

CHŒUR.

  Quoi ! dans ce jour vous venez dans mon âme,
  La visiter pour la première fois !   (*ter.*)

2 O mon Sauveur, mon trésor et ma vie,
  Epoux divin dont mon cœur a fait choix,
  Venez bientôt couronner mon envie,
  Venez à moi pour la première fois.   (*bis.*)
  Quoi, etc.

3 O saint transport ! ô divine allégresse !
  Déjà mon cœur s'unit au Roi des rois ;
  Il est à moi, le Dieu de ma jeunesse,
  Je suis à lui pour la première fois.   (*bis.*)
  Quoi, etc.

4 O jour heureux, jour céleste et propice !
  A vous bénir je consacre ma voix.
  Le Dieu vivant s'immole en sacrifice
  Et me nourrit pour la première fois.   (*bis.*)
  Quoi, etc.

5 Embrasez-moi, Dieu d'amour et de gloire,
  Du feu sacré de vos plus saintes lois,
  Et pour toujours gravez dans ma mémoire
  Ce que je fais pour la première fois.   (*bis.*)
  Quoi, etc.

Réflexion.—Dans les années qui vont suivre, qu'il est à désirer que j'éprouve les mêmes sentiments, les mêmes transports ou du moins la même dévouement, le même ferme propos qu'au jour de ma première communion ! Cela dépendra de la fidélité que j'aurai mise, dès les premiers temps, à exécuter mes résolutions.

F. 39.   Nº 69.   C. 186. 47.

Troupe innocente
D'enfants chéris des cieux,
  Dieu vous présente
Son festin précieux.
Il veut, ce doux Sauveur,
Entrer dans votre cœur ;
Dans cette heureuse attente,
Soyez pleins de ferveur,
  Troupe innocente.

ACTES DE FOI ET D'ADORATION.

  Mon divin maître,
Par quel amour, comment
  Daignez-vous être
Dans votre sacrement ?
Vous y venez pour moi.
Plein d'une vive foi,
J'y viens vous reconnaître
Pour mon Sauveur, mon Roi,
  Mon divin maître.

ACTE D'HUMILITÉ.

Dieu de puissance,
Je ne suis qu'un pécheur :
  Votre présence
Me remplit de frayeur ;

Mais pour voir effacés
Tous mes péchés passés,
Un seul trait de clémence,
Un mot seul est assez,
  Dieu de puissance.

ACTE DE CONTRITION.

Mon tendre Père,
Acceptez les regrets
  D'un cœur sincère,
Honteux de ses excès :
Vous m'en verrez gémir
Jusqu'au dernier soupir ;
Avant de vous déplaire
Puissé-je ici mourir,
  Mon tendre Père !

ACTE D'AMOUR.

Plus je vous aime,
Plus je veux vous aimer,
  O bien suprême
Qui seul peut me charmer !
Mais, ô Dieu plein d'attraits !
Quand avec vos bienfaits
Vous vous donnez vous-même,
Plus en vous je me plais,
  Plus je vous aime.

ACTE DE DÉSIR.

Que je désire
De ne m'unir qu'à vous !
Que je soupire
Après un bien si doux !

Oh ! quand pourra mon cœur
Goûter tout le bonheur
D'être sous votre empire !
Donnez-moi la faveur
Que je désire.

Résolution.—Toutes les fois que j'aurai le bonheur de communier, je m'y disposerai plusieurs jour à l'avance en excitant en moi des sentiments *de foi, d'humilité, de contrition, d'amour* et *de désir*, et chacun de ces jours je réciterai avec piété les formules de ces actes divers.

L. 174. No 70. C. 72.

O prodige d'amour ! spectacle ravissant !
Sous un pain qui n'est plus Dieu cache sa présence ;
Ici, pour le pécheur, il est encore mourant,
Les Anges étonnés l'adorent en silence.

REF. Prosternez-vous ; offrez des vœux ; } *bis.*
    Oui, mortels, c'est le Roi des cieux.

Non content d'expirer sur un infâme bois,
L'immortel souverain de toute la nature,
Aux yeux de ses enfants, une seconde fois
S'immole, et tous les jours devient leur nourriture.
    Prosternez-vous, etc.

La Croix ne nous cachait que la Divinité :
L'Homme-Dieu tout entier s'éclipse en ce mystère :
Mais je l'y reconnais dans la réalité ;
C'est mon aimable Roi, c'est mon Dieu, c'est mon Père.
    Prosternez-vous, etc.

Sacrifice d'amour, ô temple, ô saint autel,
D'où la foi fait jaillir la grâce du Calvaire !
Puisse couler sur nous, en ce jour solennel,
De son sang précieux la vertu salutaire !
    Prosternez-vous, etc.

O monument sacré de la mort du Sauveur,
Pain vivant qui donnez la vie au vrai fidèle,
De mon âme soyez l'aliment, la douceur ;
Qu'elle brûle pour vous d'une ardeur éternelle !
    Prosternez-vous, etc.

Réflexion.—Vous ne voilez votre majesté, ô mon Jésus, sous les espèces Eucharistiques que pour que nous approchions de vous avec moins de crainte et avec plus de confiance et d'amour !

A. 208. **N° 71.** Av. 171.

1
O que je suis heureux !
J'ai trouvé celui que j'aime ;
O que je suis heureux !
Voici le roi des cieux.
Je le possède en moi-même,
Quoique invisible à mes yeux.
Je tiens celui que j'aime :
O que je suis heureux !

REFRAIN.
J'ai mon âme
Toute de flamme ;
J'ai mon Sauveur
Au milieu de mon cœur.
Grâce, grâce, grâce à l'amour
Qui triomphe de mon Dieu en ce jour.

2
D'où me vient ce bonheur ?
Quoi ! mon Dieu me rend visite !
D'où me vient ce bonheur ?
D'où me vient cet honneur ?
Homme ingrat, je ne mérite
Que d'éprouver sa rigueur.
Quoi ! Dieu me rend visite !
D'où me vient ce bonheur ?—J'ai.

3
Est-il rien de plus doux,
O mon Dieu, mon Roi, mon Père !
Est-il rien de plus doux
Que d'être tout à vous ?
Dans cet aimable mystère,
Où vous êtes tout à nous,
Je possède mon Père ;
Est-il rien de plus doux ?—J'ai.

4
Je n'ai point de retour,
Doux Jésus, pour cette grâce,
Je n'ai point de retour
Digne de votre amour ;
Faites que tout, à ma place,
Vous bénisse nuit et jour ;
Pour une telle grâce,
Je n'ai point de retour.—J'ai.

5 Parlez en ma faveur,
  A mon Dieu, Vierge Marie;
   Parlez en ma faveur,
   Prêtez-moi votre cœur ;
  Qu'avec vous je glorifie
  Jésus, mon Roi, mon Sauveur !
   O divine Marie !
   Parlez en ma faveur.— J'ai mon âme.

Réflexion.—Un saint Louis de Gonzague, un saint Stanislas, et les pieux fidèles au milieu desquels je vis, quels délices n'éprouvaient-ils pas ou n'éprouvent-ils pas encore en communiant! Mais aussi quelle pureté de cœur! Quel esprit de mortification! Quelle préparation! Les consolations de la piété s'achètent par les sacrifices.

L. 103.   No 72.   S. 97. C. 199.

1 Qu'ils sont aimés, grand Dieu ! tes tabernacles,
 Qu'ils sont aimés et chéris de mon cœur !
 Là, tu te plais à rendre tes oracles;
 La foi triomphe et l'amour est vainqueur.

2 Qu'il est heureux, celui qui te contemple,
 Et qui soupire aux pieds de tes autels!
 Un seul moment qu'on passe dans ton temple,
 Vaut mieux qu'un siècle au palais des mortels.

3 Je nage au sein des plus pures délices;
 Le ciel entier, le ciel est dans mon cœur;
 Dieu de bonté, de faibles sacrifices
 Méritaient-ils cet excès de bonheur?

4 Autour de moi les anges, en silence,
 D'un Dieu caché contemplent la splendeur.
 Anéantis en sa sainte présence,
 O Chérubins, enviez mon bonheur!

5 Et je pourrais, à ce monde qui passe,
 Donner un cœur par Dieu même habité!...
 Non, non, mon Dieu, je puis tout par ta grâce;
 Dieu, sauve-moi de ma fragilité.

Réflexion.—Qu'il est consolant de penser que toutes les fois que l'on communie, l'on est entouré d'anges adorateurs qui se prosternent et rendent leurs hommages au Dieu qui est descendu dans notre cœur! Dans ces moments précieux, je penserai à ces anges et je m'unirai à eux pour adorer le Dieu de mon cœur.

L. 102. N° 73. C. 200.

1 Célébrons ce grand jour par des chants d'allégresse !
  Nos vœux sont enfin satisfaits.
Bénissons le Seigneur, publions sa tendresse,
  Chantons, exaltons ses bienfaits !
  Pour nous, tout pécheurs que nous sommes,
  Il descend des cieux en ce jour :
  C'est parmi les enfants des hommes
  Qu'il aime à fixer son séjour.
CHŒUR. Chantons sous cette voûte antique
  Le Dieu qui règne dans nos cœurs :
  Célébrons, par un saint cantique,
  Et notre amour et ses faveurs.   (bis.)

2 Comme nous, en ce jour, nourris du pain des Anges,
  Bénissez-le, jeunes chrétiens ;
Chantons-le tour à tour, répétons les louanges
  Du Dieu qui nous comble de biens.
  Bon Pasteur, aux gras pâturages
  Il conduit ses jeunes agneaux ;
  Il les mène aux plus frais ombrages,
  Il les mène aux plus claires eaux. Chantons, etc.

3 Heureux, Seigneur, celui qui marche à ta lumière,
  Sur ta loi réglant tous ses pas,
Et qui, dans l'innocence achevant sa carrière,
  S'endort paisible entre tes bras !
  Son nom, qui fleurit d'âge en âge,
  D'un doux parfum répand l'odeur ;
  De la terre il reçoit l'hommage,
  Du ciel il goûte le bonheur.   Chantons, etc.

5 Oui, Seigneur, désormais rangés sous ton empire,
  Nous y voulons vivre et mourir ;
Mais ce vœu que l'amour aujourd'hui nous inspire,
  Pouvons-nous sans toi l'accomplir ?
  C'est toi qui nous donnas la vie ;
  Que ta grâce en règle le cours !
  Que ta loi constamment suivie
  Console enfin nos derniers jours. Chantons. etc.

Réflexion.—Il ne faut pas se contenter de savourer dans la communion les délices qu'on y goûte ; il faut savoir tirer de la réception de ce sacrement adorable des conséquences pratiques ! Notre Seigneur Jésus-Christ vient en nous pour nous fortifier contre les tentations de la chair et du monde, et nous en faire triompher jusqu'à notre mort. — Demandons lui de connaître nos défauts dominants et prenons les moyens de nous en corriger.

No 74.   C. 86.

1 L'encens divin embaume cet asile ;
   Quel doux concert ! quel chant mélodieux !
   Mon cœur se tait, et mon âme est tranquille :
   La paix du ciel habite dans ces lieux.

REFRAIN.   O pain de vie !
                O mon Sauveur !
                L'âme ravie   .bis.)
        Trouve en vous son bonheur.

2 Pour embellir le temple de mon âme,
   Le Très-Haut daigne y fixer son séjour ;
   Je le possède, il m'inspire, il m'enflamme,
   Je l'ai trouvé, je l'aime sans retour.   O pain, etc.

3 Je vous adore au dedans de moi-même ;
   Je vous contemple à l'ombre de la foi ;
   O Dieu, mon tout ! ô majesté suprême !
   Je ne vis plus, mais Jésus vit en moi.   O pain, etc.

4 Que vous rendrai-je, ô Sauveur plein de charmes,
   Pour tous les dons que j'ai reçus de vous ?
   Prenez ce cœur et recueillez ces larmes :
   Double tribut dont vous êtes jaloux.   O pain, etc.

5 Je l'ai juré, je vous serai fidèle,
   Je vous promets un immortel amour,
   Tant qu'à la nuit une aurore nouvelle
   Succèdera pour ramener le jour !   O pain, etc.

Réflexion.—La Sainte-Eucharistie est appelée le pain de vie ! Si donc, notre âme veut vivre de la vie qui lui est propre et conserver la grâce de Dieu, il faut qu'elle use souvent de cette nourriture spirituelle. — Que d'âmes sont mortes en ce monde, depuis qu'elles ne mangent plus ce pain céleste !

A. 131.   ## No 75.   C. 204.

1 Mon cœur, en ce jour solennel,
   Il faut enfin choisir un maître ;
   Balancer serait criminel,
   Quand Dieu seul est digne de l'être.
   C'en est donc fait, ô Dieu sauveur !   { bis.
   A vous seul je donne mon cœur.

2   A qui doit-il appartenir,
     Ce cœur qui vous doit l'existence,
     Que vous avez daigné nourrir
     De votre immortelle substance? C'en est, etc.

3   A chercher la félicité,
     Hélas! en vain je me consume;
     Loin de vous tout est vanité,
     Déplaisir, tristesse, amertume.   C'en est, etc.

4   Vous seul pouvez me rendre heureux,
     Je le sens; oui, votre présence
     A pleinement comblé mes vœux
     Et fixé ma longue inconstance.   C'en est, etc.

5   Que sont tous les biens d'ici-bas?
     Qu'ils ont peu de valeur réelle!
     Tous ensemble ils ne peuvent pas
     Satisfaire une âme immortelle.   C'en est, etc.

6   Que puis-je désirer de plus?
     Je possède mon Dieu lui-même.
     Ah! tous les biens sont superflus
     Quand on jouit du bien suprême. C'en est, etc.

7   Vous m'avez dit avec douceur :
     Mon enfant, prends mon joug aimable.
     Quand on le porte avec ardeur,
     Il est léger, doux, agréable.   C'en est, etc.

Réflexion.—Je me donnerai tout entier à Jesus qui s'est donne tout entier à moi. Je lui consacrerai mes pensees, mes paroles, mes actions, mes sentiments. Que rien en moi ne soit indigne de Jesus, mon souverain maitre!

Nº 76.   **C. 183.**

Adorons tous,
Adorons tous
Un Dieu si plein de charmes;
Que mon cœur,
Brûlant d'ardeur,
Adore en lui son Sauveur.

Ce Dieu de clémence
Vient, par sa présence,
Combler nos désirs,
Apaiser nos soupirs. (*bis.*) Adorons, etc.

A ce Dieu seul gloire et louanges,
Au ciel, sur la terre et les mers.
Unissons-nous, dans nos concerts,
Aux saints concerts des Anges.

Sonnez, sonnez, et clairons et trompettes, }
Formez les sons les plus mélodieux ;   } bis.
C'est le Roi des cieux. (*bis.*)   Adorons, etc.

Réflexion.—C'est surtout à la sainte Messe et aux saluts du très-saint Sacrement que je dois me prosterner et m'anéantir devant le Dieu qui descend sur l'autel pour nous bénir et nous combler de grâces.

Nº 77.   **C. 99.**

Dans ce profond mystère
Où la foi sait te voir,
Tout en nous te révère
Et fixe notre espoir.

REFRAIN.

A la fin de la vie,
Divine Eucharistie,
Nourris du pain de ton amour,
Dans la cité chérie
Nous te verrons un jour.

Les Anges en silence,
Au pied de son autel,
Tremblent en la présence
Du monarque éternel.
A la fin, etc.

Puisse notre tendresse
Obtenir de ton cœur

La sublime sagesse
Qui mène au vrai bonheur !
A la fin, etc.

Que tout en nous s'unisse
Pour chanter tes bienfaits !
Que ta bonté bénisse
Nos vœux et nos souhaits !
A la fin, etc.

Sur nous daigne répandre
Tes bénédictions,
Et fais-nous bien comprendre
La grandeur de tes dons.
A la fin, etc.

O divine Marie !
Prêtez-moi votre cœur.
Mon âme glorifie
Et bénit mon Sauveur.
A la fin, etc. DE SAMBUCY.

Réflexion.—Si je veux mériter plus sûrement la grâce de recevoir à la mort la Sainte-Eucharistie, il ne faut pas que je néglige de la recevoir pendant tout le temps de ma vie.

A 82.   **Nº 78.**   **C. 123.**

Temple témoin des premiers vœux
Et du bonheur de l'innocence,
Je te dois, image des cieux,
Les plus beaux jours de mon enfance.

REFRAIN.

Inspire-moi des chants divins,
Sainte Sion, ô ma patrie,
Et retentis des doux refrains :
Vive Jésus, vive Marie.   (*bis.*)

Ces fonts ont reçu mes serments,
Serments nouveaux, qn'en traits de flamme,
Pour affermir mes sentiments,
L'amour a gravés dans mon âme.   Inspire-moi, etc.

Pontife et victime d'amour,
Sur l'autel le Sauveur lui-même
Vient, en s'immolant chaque jour,
Donner la vie à ceux qu'il aime.   Inspire-moi, etc.

C'est ici que Dieu s'est montré,
Prodige touchant de tendresse !
C'est là qu'à son banquet sacré
Il renouvelle ma jeunesse.   Inspirez-moi, etc.

Temple auguste de l'Eternel
Et de sa puissance infinie,
Consacre ce jour solennel
Par la plus touchante harmonie.   Inspire-moi, etc.

Sous tes portiques révérés,
Où nous venons courber nos têtes,
Que toujours tes échos sacrés
Répètent nos hymnes de fêtes !   Inspirez-moi, etc.

Réflexion.—Les pierres du temple où pour la première fois j'ai reçu
mon Sauveur et mon Dieu furent témoins de mes serments !... Au dernier
jour le seront-elles de ma réprobation ? Oh ! non, non... Jésus, Marie,
venez à mon secours, préservez-moi de ce malheur.

———————

A. 344.   N° 79.   C. 210.

1   Jour heureux, jour de vrai plaisir
     Pour une âme innocente et pure,
     Jour heureux, jour de vrai plaisir,
     Faut-il te voir sitôt finir
     Pour une âme innocente et pure !
     Jour heureux, jour de vrai plaisir,
     Faut-il te voir sitôt finir ?   (*4 fois.*)

2 Biens, gloire, beauté frivole,
   Adieu donc et pour jamais.
   Vers Dieu mon âme s'envole,
   Il me comble de bienfaits.   Jour heureux, et 2.

3 Toujours, céleste patrie,
   Mon cœur soupire pour toi.
   Tu contiens ce que j'envie,
   Mon Dieu, mon Père et mon Roi.   Jour ,etc.

4 Sous tes auspices, Marie,
   Nous terminons ce beau jour;
   Dans la céleste patrie
   Réunis-nous pour toujours.   Jour heureux, etc.

Réflexion. — Le jour de la première communion paraît bien court aux enfants qui ont commencé à aimer Jésus... Mais qu'ils persévèrent, et ils auront dans le ciel un bonheur qui ne finira jamais.

———

Nota. Le cantique n° 63, *sur la Persévérance,* peut très-bien être chanté le soir ou le lendemain de la Première Communion, et aussi plusieurs fois dans le cours des années qui suivent l'accomplissement de cette grande action.

———

N. 80.   Av. 179.

1 Parmi les doux transports d'une sainte allégresse,
   Quel noir pressentiment, quelle sombre tristesse,
   En jetant sur mon âme un voile de douleur,
        Vient troubler la paix de mon cœur?   *(bis.)*
   Le penser déchirant de ma propre inconstance
   Me fait, hélas ! trembler pour ma persévérance.
   Quoi! je pourrais, Seigneur, te méconnaître un jour?
   Ah ! plutôt expirer qu'abjurer ton amour!...

LE CHŒUR.

   Nous promettons, Seigneur, de respecter tes lois,
   D'imiter tes vertus et de suivre ta voix.

2 J'aperçois le danger, je connais ma faiblesse;
   J'entends d'un monde impur la voix enchanteresse;
   D'une perfide main il attise les feux
        De mes penchants impérieux !   *(bis.)*
   Déjà l'enfer frémit : sa fureur meurtrière
   Veut m'arracher des bras de mon Dieu, de mon Père!
        Quoi! etc.   *Le chœur.* Nous promettons, etc.

3 Aujourd'hui tout à toi, demain rebelle et traître,
   Comme un autre Judas, j'irais vendre mon maître !
   Grand Dieu, je briserais ces liens solennels,
       Formés aux pieds de tes autels !   (bis.)
   Le sang de mon Sauveur coule encore dans mes veines ;
   Et du cruel Satan je reprendrais les chaînes !
       Quoi ! etc.   *Le chœur.* Nous promettons, etc.

4 Des cèdres du Liban si les sublimes têtes
   Ont succombé souvent à l'effort des tempêtes, [blant,
   Comment pourrais-je, hélas ! roseau faible et trem-
       Ne pas céder au moindre vent ?   (bis.)
   Mais sois, ô doux Jésus, mon appui, ma défense ;
   Je ne crains plus de voir ébranler ma constance.
       Quoi ! etc.   *Le chœur.* Nous promettons, etc.

5 Les martyrs, abreuvés de ton sang adorable,
   Fatiguaient des tyrans la rage infatigable :
   Plein de la même ardeur, je m'élance aux combats,
       Sois ma force, guide mes pas.   (bis.)
   En vain mille ennemis ont juré ma défaite :
   Qu'ils tremblent maintenant ! me voilà ta conquête.
       Quoi ! etc.   *Le chœur.* Nous promettons, etc.

6 Je me jette en tes bras, Marie, ô tendre mère !
   Est-on jamais trompé lorsqu'en toi l'on espère ?
   Je sens, à ton seul nom, mon âme s'attendrir ;
       Qui t'aime ne saurait périr.   (bis.)
   J'entends autour de moi, j'entends gronder l'orage ;
   Etoile du matin, sauve-moi du naufrage.
       Quoi ! etc.   *Le chœur.* Nous promettons, etc.

Réflexion. — En voyant chaque année le nombre trop considérable
d'enfants qui oublient leurs serments, je tremble pour moi-même, Seigneur, je sens ma faiblesse. Faites, ô mon Dieu, que j'observe vos com-
mandements, que je ne cesse pas d'approcher souvent des sacrements
et que j'obéisse toujours aux saintes inspirations de ma conscience.

Nº A.   L. 23.

REFRAIN.

Au secours ! Vierge Marie,
Au secours, viens sauver nos jours !
C'est ton enfant qui t'en supplie,
Vierge Marie, sauve nos jours !
Vierge Marie, au secours, au secours !

1   O Mère pleine de tendresse,
    Vers toi les pauvres matelots
    Lèvent les yeux dans la détresse,
    Et soudain tu calmes les flots.   Au secours.

2   Egaré sur la mer du monde,
    Mon esquif vogue loin du port :
    En écueils elle est féconde ;
    Hélas ! quel sera donc mon sort ?   Au secours.

3   Déjà de lugubres nuages
    Se déroulent au sein des airs ;
    Par leur souffle les noirs orages
    Ont soulevé les flots amers.   Au secours.

4   Le bruit affreux de la tempête
    S'approche et gronde avec fureur ;
    Il mugit, roule sur ma tête ;
    Mon sang se glace de frayeur !   Au secours.

5   Tu le vois, ma frêle nacelle
    Est le jouet de l'ouragan ;
    Marie ! étends sur moi ton aile ;
    Sauve-moi, je suis ton enfant !

6   Satan de sa triste victime
    N'attend que le dernier soupir ;
    Je tombe au fond du noir abîme
    Si tu ne viens me secourir.   Au secours.

7   Il m'en souvient, sainte patronne
    Mille fois tu sauvas mes jours ;
    N'entends-tu pas, la foudre tonne,
    Au secours, Marie ! au secours.

8   Parais, étoile salutaire,
    Chasse les ombres de la mort,
    Que ta bienfaisante lumière
    Me montre le chemin du port.   Au secours.

LAMBILLOTTE.

C. 98.   **Nº B.**   **L. 175**

1   Au Dieu d'amour, gloire à toute heure,
    Honneur à jamais en tous lieux !
    Pour nous il abaisse les cieux ;
    Près de nous il fait sa demeure.

REFRAIN {
Non, non, non, ne l'oublions pas
Ce jour de fête et de victoire,
Non, non, non, ne l'oublions pas :
Pourrions-nous être des ingrats?

2 Des grands, des puissants de la terre
Il ne cherche pas les palais;
D'un cœur pur les tendres attraits
Ont seuls le bonheur de lui plaire. Non, non, etc.

3 L'autel est son trône de grâce,
Il y règne au milieu de nous :
Son divin Cœur, ouvert à tous,
Nous attend pour y prendre place. Non, non, etc.

4 Oui, dans ce mystère adorable,
Jésus pour nous brûle d'amour,
Pour lui désormais, en retour,
Brûlons d'un amour ineffable.   Non, non, etc.

5 Pleins d'une douce confiance,
Prosternons-nous à son autel,
Et qu'un dévouement éternel
Prouve notre reconnaissance.   Non, non, etc.

Nᵒ C.

REFRAIN {
Chantez en chœur, Anges du ciel,
A Marie amour et louanges;
Peuples, chantez avec les Anges :
A Marie amour éternel.

1 Gardiens des célestes portiques,
Saints Anges, venez dans ces lieux;
Prêtez-nous vos divins cantiques,
Nous chantons la Reine des cieux.
Saluons tous cette Vierge féconde
Dont l'Enfant-Dieu sauva le monde.   } bis.

2 Quand Dieu sème sur la verdure
Du printemps les riantes fleurs,
En tous lieux, l'aimable nature
Brille des plus vives couleurs.
O Vierge, ainsi notre terre appauvrie
Par tes bienfaits s'est embellie.   } bis.

3 Souvent dans ce lieu de misère,
Tu vois nos yeux baignes de pleurs,
Et tu viens toujours, tendre Mere,
Tu viens consoler nos douleurs.
Vierge, ton culte a pour nous bien des charmes, } bis.
Ton amour tarit tant de larmes!

FIN.

Paris.—Imprimé chez Bonaventure et Ducessois, 55, quai des Augustins.

sonnes isolées, quand même elles auraient des voix magnifiques ; mais il est ravi des couplets et des refrains chantés par une population tout entière. A Paris, aux exercices du soir de l'archiconfrérie de Notre-Dame-des-Victoires, les chants sont presque toujours les mêmes ; et toute l'assistance les exécute avec un entrain qui impressionne et fait du bien à l'âme. Aussi sort-on de ces pieuses réunions avec le désir d'y revenir, et de s'occuper un peu plus de son salut.

Comment parviendra-t-on à de semblables résultats ? — Evidemment, en employant les moyens que nous avons déjà indiqués, c'est-à-dire en faisant d'abord bien comprendre les paroles d'un seul cantique, et ensuite en se bornant *dans le commencement* à en répéter le chant, *jusqu'à ce que les masses l'exécutent facilement*, avec ensemble et justesse. — Le temps et l'habitude amèneront la facilité de varier davantage les cantiques, à mesure que le répertoire de chacun deviendra plus considérable, sans courir le risque d'une exécution plus faible.

2ᶜ OBSERVATION.

Dans un catéchisme, si tous ceux qui y assistent pouvaient participer à l'exécution des Cantiques, ce serait un excellent moyen pour maintenir les enfants, au moment où l'on chante, dans une bonne tenue ; pour soutenir leur attention et pour les mettre à même de comprendre ces pieux morceaux, qui n'ont été composés que pour éclairer leur esprit, fortifier leur foi et les exciter à témoigner à Dieu un plus grand amour. — Mais la plupart des recueils de Cantiques n'ont pu jusqu'ici être achetés que par quelques enfants privilégiés ; la masse a dû presque toujours être réduite à s'en priver, faute de ressources. — C'est ce qui nous a déterminé à publier deux séries de Cantiques à un prix très-modique. Nous avons cru que nous procurerions ainsi, même aux plus pauvres, la facilité de suivre tous les chants des pieuses réunions de leur paroisse. — Et, en effet, ou bien les enfants feront d'eux-mêmes cette petite acquisition, — ou bien ils recevront de leur pasteur le livret à titre de récompenses à mesure qu'ils les mériteront, — ou bien enfin, après que l'on aura acquis, à peu de frais, autant d'exemplaires qu'il y a d'enfants, on pourra prendre le parti de les distribuer au commencement de chaque catéchisme, pour les recueillir ensuite et les conserver quand l'exercice serait terminé ; — trois moyens peu embarrassants, qui tous atteindront le louable but que MM. les Curés doivent naturellement se proposer en instruisant les enfants confiés à leur sollicitude.

CHEZ LES MÊMES LIBRAIRES :

1. **GRAND MANUEL** ou Manuel pratique pour la première Communion et la Confirmation ; ouvrage pouvant servir de *Manuel de piété* et de *Livre d'office* pendant les années qui précèdent et qui suivent la première Communion, par Henri Congnet, chanoine titulaire de Soissons. Septième édit. 1 fort vol. in-18 de plus de 300 p. Prix, broché : 1 fr., cartonné : 1 fr. 15 c.

2. **PETIT MANUEL DE PREMIÈRE COMMUNION**, par Henri Congnet. Septième edition. 1 vol. in-18 de 152 pages. Prix, broché, 50 cent., cartonné, 60 cent.

Instructions à domicile et récompenses des catéchismes, des écoles et des réunions de persévérance, sous la direction de M. Henri CONGNET, chanoine de Soissons, et sous le haut patronage de Nosseigneurs les Évêques de Soissons, de Mende, de Beauvais, de Meaux, etc.

(Les petits livrets qui suivent peuvent être donnés au lieu et place d'images.)

3. **PRÉPARATION A LA CONFIRMATION** et sainte Réception de ce Sacrement, par Henri Congnet. In-18 de 36 pages. Huitième édition. Prix net : 10 c. On y trouve exposé *en trois pages* tout ce qu'il est *nécessaire d'apprendre par cœur* sur le sacrement de Confirmation.

4. **CANTIQUES DES DIVERS TEMPS DE L'ANNÉE**, avec des réflexions pieuses à la fin de chaque cantique. In-18 de 36 pages. 1re *série*. Prix, 10 centimes.

5. **CANTIQUES DE LA PREMIÈRE COMMUNION.** In-18 de 36 pages. 2e *série*. Prix, 10 centimes. Il contient les cantiques sur la retraite, ceux sur la sainte Eucharistie, la sainte Vierge, les vœux du Baptême et la persevérance.

6. **LIVRET DES PIEUX EXERCICES DU SOIR** dans les Paroisses. 1re *série*. In-18. Prix : 10 centimes.

Cet opuscule contient les exercices et les prières qui se font dans les *réunions de persévérance*. On y trouvera : les vêpres de la sainte Vierge, les mystères du Rosaire-Vivant, la formule de l'offrande de chaque dizaine, le chemin de la Croix, etc.

6 *bis*. PIEUX EXERCICES DU SOIR. 2e *série*. 10 cent.

7. **UN MOIS DE LECTURES** ou de meditations quotidiennes. 1re *série*, ou *Pensées chrétiennes* du P. Bouhours, avec une *Méthode d'Oraison* et la pratique de cette méthode. In-18. 10 c.

8. **MESSE ET VÊPRES** pour les enfants. 72 p. in-18, 20 c.

9. **EXAMEN DE CONSCIENCE** et pratique de la Confession. In-18, net, 10 cent.

10. **UN DEUXIÈME MOIS DE MÉDITATIONS** et de lectures quotidiennes. In-18.

11. **TRÉSOR DE SAINTES PRIÈRES**, in-18. 1re *série*.

12. **UN TROISIÈME MOIS DE MÉDITATIONS** et de lectures quotidiennes, par Fénelon. In-18.

Paris.—Imprimé chez Bonaventure et Ducessois, 55, quai des Augustins.